W0317776

Azouélie Diana SARR
Souvenir du SENEGAL
2007

© 2006 Éditions Milan, 300, rue Léon-Joulin
31101 Toulouse Cedex 9 - France

Une histoire tirée du film *Kirikou et les bêtes sauvages* réalisé par
Michel OCELOT et Bénédicte GALUP.

Film *Kirikou et les bêtes sauvages*:
© 2005 Les Armateurs / Gebeka Films / France 3 Cinéma / Studio O.

Droits de traduction et de reproduction réservés pour tous les pays.
Toute reproduction, même partielle,
de cet ouvrage est interdite. Une copie ou reproduction par quelque procédé que ce soit, photographie, microfilm, bande magnétique, disque ou autre, constitue une contrefaçon passible des peines prévues par la loi du 11 mars 1957 sur la protection des droits d'auteur. Loi 49-956 du 16 juillet 1949 sur les publications destinées à la jeunesse.

ISBN : 2-7459-2242-4
Dépôt légal : 2e trimestre 2006

Imprimé en Belgique

KIRIKOU
et le fétiche égaré

Une histoire de Michel OCELOT
sur un synopsis de Michel OCELOT et Marine LOCATELLI

Illustrations de
Sylvie MOUREAUX-NÉRY et Marianne LEBEL

MILAN
jeunesse

C'est la fête au village, la bière nouvelle est prête. Groupées autour de la grande jarre, les femmes la goûtent et se régalent, sauf la mère de Kirikou, qui lui trouve un drôle de goût…

Kirikou aimerait bien en boire aussi, mais il n'a pas le droit ! Alors, il va se promener dans la forêt, regarder les beaux arbres, observer les animaux, cueillir des fruits…

De retour de la forêt, Kirikou apporte un magnifique ananas sauvage à sa mère. Sur le pas de la porte, il lâche le fruit, de stupeur : sa mère est tombée à terre. À côté d'elle une cruche est brisée, et l'eau s'est répandue. Kirikou se précipite.
– Mère, que t'arrive-t-il ?! Tu es brûlante !
– Je me sens très mal. Va vite chercher notre voisine.
Kirikou court à travers la place du village en hurlant :
–Voisine, voisine !
Mais la Femme Forte est malade elle aussi, et des cris de désespoir retentissent de toutes parts :
– Ma maman est tombée ! Ma maman va mal ! Ma maman ne bouge plus ! Ma maman va mourir !
Toutes les femmes sont malades. Kirikou court apporter ces nouvelles à sa mère.
– Nous avons toutes bu de la bière nouvelle, lui explique-t-elle. Il faut que tu ailles renverser la jarre, pour que personne d'autre ne s'empoisonne.

La jarre est énorme. Kirikou est trop petit pour la renverser. Mais il a une idée : il prend sa bêche, creuse un peu dessous, s'écarte vite. La jarre, déséquilibrée, bascule, et la bière empoisonnée se répand sur le sol.
C'est alors que Kirikou découvre une étrange fleur dans le récipient…

Précautionneusement, il attrape la fleur avec un bâton et va la montrer à sa mère.
– Une fleur de poison ! s'exclame-t-elle. Il n'y a qu'un remède, une fleur jaune qui pousse dans le domaine interdit de Karaba la Sorcière. Là-bas, personne ne peut aller la cueillir. Va demander à notre voisine si on peut en trouver ailleurs.
Kirikou se précipite chez la voisine.
– Ta mère dit vrai, soupire cette dernière, accablée, et la fleur ne pousse que là. Cette fois, après les hommes, Karaba a détruit les femmes du village.
– NON ! s'exclame Kirikou, tapant son bâton sur le sol.
La Femme Forte n'a plus assez de force pour lutter, mais Kirikou commence le combat et ne renoncera pas.

Les enfants et le Vieillard sont rassemblés sous le baobab.

– Il faut aller chercher ces fleurs, même si elles poussent aux pieds de Karaba ! déclare Kirikou.

Cela exaspère le Vieillard :

– Arrête de dire des sottises ! Seuls les fétiches peuvent s'approcher des fleurs jaunes.

– **S**'il n'y a que les fétiches pour y aller, il faut se déguiser en fétiche ! reprend Kirikou.
En fétiche ?! Mais qui oserait mettre ainsi sa vie en péril ? Kirikou, bien sûr ! Il est prêt à le faire, pour sauver toutes les mères.

Kirikou imagine de se cacher sous un mortier renversé. Cette fois, tous les enfants sont ensemble. Ils ont des idées et ils s'activent. L'un apporte un mortier qui a la couleur des fétiches, l'autre de petites bêches pour faire les bras, une fille a l'idée de fixer des louches pour faire les yeux, une autre pense à un peigne pour figurer une bouche avec des dents.

Le Grand Garçon creuse un trou dans le mortier pour que Kirikou puisse y voir, puis on déniche de la peinture noire, de la peinture rouge, sans oublier de la colle et du raphia pour fixer le tout.

Voilà, les enfants ont bien travaillé. Le faux fétiche est achevé. Kirikou se cache dans son mortier et avance, par à-coups, comme un vrai. Les enfants le trouvent très réussi, et même inquiétant. Courageusement, Kirikou s'en va sur la Route des Flamboyants, vers le domaine redoutable de Karaba la Sorcière, à la recherche de la fleur jaune.

Le minuscule fétiche arrive devant l'immense case de la sorcière. Le Fétiche sur le Toit l'a annoncé à la sorcière. Heureusement, Karaba n'est pas intéressée par le retour d'un fétiche car, si elle était sortie pour le regarder, elle aurait vite vu que c'était un faux.

Kirikou s'est arrêté. Cachés derrière un buisson, les enfants l'observent. La Grande Fille a pitié du petit enfant qui hésite :

– Le pauvre. S'il revient tout de suite, je ne lui en voudrai pas.

Bien sûr, Kirikou n'a pas renoncé et se met à zigzaguer entre les plantes empoisonnées, à la recherche des fleurs jaunes qui guérissent. Les enfants, le cœur battant, ne le quittent pas des yeux, les fétiches non plus.
Ça y est ! Il a trouvé des fleurs jaunes ! Il faut vite qu'il revienne ! Mais, que fait-il ?! Au lieu de se sauver vers le village, Kirikou va se poster devant la porte de Karaba !

La lourde porte sculptée s'ouvre à deux battants, et voici la magnifique et terrible sorcière. Étonnée, elle scrute l'étrange visiteur devant elle, repère vite le petit œil humain qui la regarde par le trou, et tempête :
– Ce n'est pas un fétiche ! Gardes, saisissez cet imposteur !
Les enfants sont terrifiés. Les fétiches preneurs et tueurs se ruent sur le faux fétiche.

Mais Kirikou sait courir. Il atteint le village, disparaît derrière une case, abandonne vite son déguisement. Quand les fétiches rejoignent le faux fétiche, ils tapent dessus, le prennent et le ramènent triomphalement à la sorcière. Devant ce mortier vide, elle écume de rage. Pendant ce temps, Kirikou a rejoint sa mère, les fleurs qui guérissent à la main.

Kirikou grimpe sur les genoux de sa mère. Il lui tend délicatement une fleur jaune.
– Maintenant, mâche.
La mère mâche lentement.
Kirikou lui apporte ensuite une petite calebasse d'eau :
– Maintenant, bois.
La mère boit.
Et doucement la mère se met à bouger, ouvre les yeux et sourit à Kirikou :
– Tu m'as guérie.
Tous les enfants font manger une fleur magique à leurs mères, et toutes revivent. C'est la joie au village. Les enfants peuvent à nouveau danser avec leurs mères !

Kirikou, petit frère, a sauvé nos mères.

Mais la Grande Fille est intriguée :
- Kirikou, que voulais-tu faire quand tu t'es rapproché de Karaba ?
- Je voulais juste la regarder, elle est si belle…